BEI GRIN MACHT SICH IHR WISSEN BEZAHLT

- Wir veröffentlichen Ihre Hausarbeit,
  Bachelor- und Masterarbeit

- Ihr eigenes eBook und Buch -
  weltweit in allen wichtigen Shops

- Verdienen Sie an jedem Verkauf

Jetzt bei www.GRIN.com hochladen und kostenlos publizieren

Varianzanalyse, Levene- Test und Anwendung in SPSS

Bibliografische Information der Deutschen Nationalbibliothek:

Die Deutsche Nationalbibliothek verzeichnet diese Publikation in der
Deutschen Nationalbibliografie; detaillierte bibliografische Daten sind
im Internet über http://dnb.d-nb.de abrufbar.

ISBN: 9783346594587
Dieses Buch ist auch als E-Book erhältlich.

© GRIN Publishing GmbH
Trappentreustraße 1
80339 München

Druck und Bindung: Books on Demand GmbH, Norderstedt Germany
Gedruckt auf säurefreiem Papier aus verantwortungsvollen Quellen

Das vorliegende Werk wurde sorgfältig erarbeitet. Dennoch
übernehmen Autoren und Verlag für die Richtigkeit von Angaben,
Hinweisen, Links und Ratschlägen sowie eventuelle Druckfehler keine
Haftung.

Das Buch bei GRIN: https://www.grin.com/document/1173998

Quantitative Datenanalyse

Einsendeaufgabe- *Alternative B*

Inhaltsverzeichnis

Abkürzungsverzeichnis

Abb.	Abbildung
AV	abhängige Variable
bspw.	beispielsweise
bzw.	beziehungsweise
ca.	circa
d.h.	das heißt
eng.	Englisch
ggfls.	Gegebenenfalls
H0	Nullhypothese
H1	Alternativhypothese
S.	Seite
SPSS	Statistical package for the social sciences
U14	unter 14
UV	unabhängige Variable
vgl.	vergleiche
z.B.	zum Beispiel

Abbildungsverzeichnis

1. Aufgabe B1- Varianzanalyse

1.1 Begriffshintergrund

Zunächst lässt sich konstatieren, dass Varianzanalysen als statistische Verfahren zur Überprüfung von Mittelwertsunterschieden zwischen mehreren Stichproben bzw. Gruppen zu betrachten sind. Die Methode wurde von dem Statistiker Ronald Aylmer Fisher in den 1920er Jahren entwickelt. Nicht selten wird die Methode deswegen auch als Fisher- Varianzanalyse bezeichnet. Die Begriffe Streuungsanalyse oder Streuungszerlegung werden ebenfalls häufig verwendet.[1] Da sich also Varianzanalysen auf Mittelwertsunterschiede und nicht auf die Varianzen direkt beziehen, so ist die Bezeichnung durchaus irreführend.[2] Als wesentliche Bestandteile der Varianzanalyse sind die Faktoren und deren Ausprägungen bzw. Faktorenstufen sowie die Zielvariablen zu betrachten. Dabei fungieren die Faktoren als unabhängige Variablen (UV´s) und die Zielvariablen als abhängige Variablen (AV´s). Der Grundgedanke der Varianzanalyse besteht darin herauszufinden, ob sich die Mittelwerte der vorhandenen Gruppen hinsichtlich der Zielvariablen bzw. der AV unterscheiden.[3]

1.2 Voraussetzungen

Um auch tatsächlich zuverlässige und verwertbare Ergebnisse im Rahmen der Varianzanalyse zu erhalten, sollte darauf geachtet werden, die entsprechenden Voraussetzungen einzuhalten. Hierbei gilt grundsätzlich, dass die Zielvariable, also die abhängige Variable (AV), metrisch skaliert, d.h. mindestens intervallskaliert sein muss. Die AV sollte außerdem in allen Gruppen normalverteilt sein. Dies kann z.B. mit dem Kolmogorov-Smirnov- Test oder dem Shapiro- Wilk Test überprüft werden. Es ist anzumerken, dass ab einer Stichprobengröße von 25 Elementen Verletzungen der Normalverteilung weniger problematisch sind. Der Faktor, also die unabhängige Variable (UV), muss hingegen nominal skaliert sein. Ferner sollten die Varianzen innerhalb der Gruppen vergleichbar sein, d.h. es sollte Varianzhomogenität vorherrschen. Dies kann mit dem Levene- Test überprüft werden. Falls keine Varianzhomogenität

---

[1] Vgl. Rasch, Schott (2015), S.292
[2] Vgl. Bortz, Schuster (2010), S.204
[3] Vgl. Mittag (2012), S.254

herrscht, kann der Welch- Test durchgeführt werden. Eine weitere Voraussetzung, um die Varianzanalyse durchzuführen besteht darin, dass die Stichproben aus mindestens 20 Elementen bestehen. Die Größe der Gruppen sollte zudem ähnlich sein.[4]

1.3 Formen

Die jeweilige Form der Varianzanalyse wird einerseits durch die Anzahl der Faktoren bzw. der UV´s und andererseits durch die Anzahl der Zielvariablen bzw. der AV´s determiniert. Sofern untersucht werden soll, wie eine Zielvariable durch einen Faktor beeinflusst wird, wird dies als *einfaktorielle univariate Varianzanalyse* bezeichnet. Dies ist als die einfachste Form der Varianzanalyse zu betrachten. Wenn hingegen untersucht werden soll, wie mehrere Zielvariablen durch einen Faktor beeinflusst werden, so wird dies als *einfaktorielle multivariate Varianzanalyse* bezeichnet. Diese beiden Formen der Varianzanalyse verfolgen also das Ziel, die Werte der Zielvariable(-n) durch nur einen Faktor zu erklären. Ferner existieren auch sogenannte *mehrfaktorielle univariate Varianzanalysen*. Hierbei soll eine Zielvariable durch mehrere Faktoren erklärt werden. Sofern mehrere Zielvariablen nun durch mehrere Faktoren erklärt werden, wird dies als *mehrfaktorielle multivariate Varianzanalyse* bezeichnet. Dies ist die vergleichsweise komplexeste Form der Varianzanalyse. Unter den mehrfaktoriellen Varianzanalysen findet vor allem die zweifaktorielle Varianzanalyse häufige Anwendung.[5] In Anbetracht der Anzahl der Variablen ist anzumerken, dass bei einer Zielvariable, d.h. bei Vorliegen einer univariaten Varianzanalyse, vor allem in Statistikprogrammen auch der Begriff ANOVA (eng. *analysis of variance)* verwendet wird. Für mehrere Zielvariablen, d.h. bei Vorliegen einer multivariaten Varianzanalyse, findet der Begriff MANOVA (eng. *multivariat analysis of variance*) Verwendung.[6] Die folgende Abbildung veranschaulicht die Unterteilung der Varianzanalysen und die daraus resultierenden verschiedenen Formen.

---

[4] Vgl. Leonhart (2014), S.88; Bortz (2013), S.261
[5] Vgl. Huber, Meyer, Lenzen (2014) S.43
[6] Vgl. Hussy, Schreier, Echterhoff (2010), S.183

		Unabhängige Variablen	
		eine	mehrere
Abhängige Variablen	eine	einfaktorielle univariate	mehrfaktorielle univariate
	mehrere	einfaktorielle multivariate	mehrfaktorielle multivariate

Abb.1: Formen der Varianzanalyse

Quelle: Huber, Meyer, Lenzen (2014), S.43

Ferner lassen sich Varianzanalysen auch dahingehend unterteilen, ob eine Messwiederholung vorliegt oder nicht. Der Faktor ist dabei als Messwiederholungsfaktor zu betrachten, d.h. es werden nicht Gruppen verschiedener Personen, sondern die Merkmalsausprägung innerhalb der Personen für unterschiedliche Zeitpunkte verglichen. Mit der Varianzanalyse mit Messwiederholung können auch mehrere Zeitpunkte, und nicht nur zwei Zeitpunkte, wie etwa bei dem t-Test, verglichen werden. Die Varianzanalyse mit Messwiederholung kommt bei abhängigen Stichproben zum Einsatz und ist mittels einfaktoriellen und mehrfaktoriellen Varianzanalysen realisierbar. Sofern bei mehrfaktoriellen Varianzanalysen alle Faktoren Messwiederholungsfaktoren sind, handelt es sich um eine vollständige Messwiederholung. Wenn nur einer der mehreren Faktoren ein Messwiederholungsfaktor ist, so liegt eine unvollständige Messwiederholung vor.[7]

Alle Formen der Varianzanalyse haben gemeinsam, dass sie mithilfe von Prüfgrößen, wie dem F-Wert, überprüfen, ob sich die Mittelwerte zwischen den Gruppen hinsichtlich der AV signifikant unterscheiden.[8]

1.4 Effekte

Vorab ist anzumerken, dass sich die in diesem Unterkapitel dargestellten Effekte auf die mehrfaktorielle Varianzanalyse beziehen. Die folglich beschriebenen Effekte können alleine oder auch in Kombination mit einem anderen Effekt auftreten.[9]

---

[7] Vgl. Bühner, Ziegler (2009), S.343-348
[8] Vgl. Leonhart (2014), S.87
[9] Vgl. Rasch, Friese, Hofmann, Naumann (2014), S.38

Es kann grundsätzlich zwischen Haupteffekten, Zelleneffekten und Interaktionseffekten differenziert werden. Sofern der beobachtete Effekt allein auf einen Faktor (z.b. Faktor A) zurückzuführen ist, wird dies als Haupteffekt (A) bezeichnet. Dieser Haupteffekt beschreibt die Unterschiede zwischen den Stufenmittelwerten des jeweiligen Faktors (A), gemittelt über die Stufen des anderen Faktors (B). Der Effekt des Faktors A ist hierbei also unabhängig vom Faktor B. Es ist an dieser Stelle anzumerken, dass zusätzlich auch ein Haupteffekt des Faktors B oder ggfls. des Faktors C vorliegen kann. Sofern sich ein Zellenmittelwert signifikant von dem Gesamtmittelwert unterscheidet wird dies als Zelleneffekt bezeichnet. Es ist hierbei anzumerken, dass eine Zelle durch die verschiedenen Kombinationen der Faktorstufen entstehen. Die jeweiligen Faktorstufen müssten dann multipliziert werden, um die Anzahl der Zellen zu erhalten. So würden sich bspw. 4 Zellen bei zwei Faktorabstufungen von zwei Faktoren ergeben. Zelleneffekte können allerdings auch über Haupteffekte und Interaktionseffekte entstehen bzw. begründet werden. Sofern der Wert der AV durch eine Wechselwirkung von bestimmten Stufen der vorhandenen Faktoren beeinflusst wird, wird dies als Interaktionseffekt bezeichnet. Hierbei gilt es anzumerken, dass der Einfluss der AV nicht allgemein durch den generellen Einfluss dieser Faktoren erklärt werden kann, sondern nur durch eine gemeinsame und gleichzeitige Wirkung der jeweiligen Faktorenstufen. Da überprüft wird, ob die Wirkung des Faktors A auf allen Stufen des Faktors B identisch ist, ist der Interaktionseffekt unabhängig von den möglichen zwei Haupteffekten. Interaktionseffekte lassen sich in die Interaktionsformen „ordinale Interaktion", „hybride Interaktion" und „disordinale Interaktion" unterteilen. Während bei der ordinalen Interaktion beide Haupteffekte inhaltlich interpretierbar und möglicherweise signifikant sind, ist bei der hybriden Interaktion nur ein Haupteffekt interpretierbar. Bei der disordinalen Interaktion hingegen ist keine der beiden Haupteffekte inhaltlich interpretierbar.[10] Es kann aufgrund der limitierten Seitenvorgabe nicht näher auf diese Interaktionsunterformen eingegangen werden.

---

[10] Vgl. Leonhart (2014), S.92

1.5 Fragestellungen

Wie in den vorherigen Unterkapiteln bereits erwähnt, verfolgt die Varianzanalyse immer die zentrale Frage, ob sich die Mittelwerte der Gruppen signifikant voneinander unterscheiden hinsichtlich der AV. Varianzanalysen gehen also immer mit Vergleichen, konkreter Unterschiedsannahmen einher. Nach dem Paradigma des kritischen Rationalismus lauten daher die Nullhypothesen aller Varianzanalysen stets, dass kein signifikanter Unterschied zwischen den Gruppen bzw. derer Mittelwerte besteht (H0: $\mu1=\mu2=\mu3$...) während die Alternativhypothese davon ausgeht, dass ein signifikanter Unterschied zwischen den Gruppen besteht (H1: $\mu1\neq\mu2$ und/oder $\mu2\neq\mu3$). Es ist anzumerken, dass sich der Unterschied im Rahmen der Alternativhypothese auf mindestens 2 μ-Parameter und nicht auf alle μ- Parameter bezieht. So wird z.b. eine Alternativhypothese im Rahmen einer mehrfaktoriellen Varianzanalyse auch dann angenommen, wenn sich die Mittelwerte von nur zwei Gruppen unterscheiden.[11]

Im Rahmen von mehrfaktoriellen Varianzanalysen werden gleich mehrere Hypothesen aufgestellt, mit denen die zugrunde liegende Fragestellung ausreichend beantwortet wird. So lauten z.b. die Nullhypothesen einer zweifaktoriellen Varianzanalyse, dass kein Haupteffekt des Faktors A zu beobachten ist, dass kein Haupteffekt des Faktors B zu beobachten ist sowie dass keine Interaktionseffekte der Faktoren A und B zu beobachten sind.[12]

Ein praktisches Beispiel für eine typische Fragestellung im Rahmen der Varianzanalyse aus dem Bereich Psychologie wäre z.B., ob Menschen, die in Großstädten leben (UV) ein größeres Glücklichkeitsempfinden (AV) haben als Menschen, die in ländlicheren Regionen leben (UV).

---

[11] Vgl. Bortz, Schuster (2010), S.206-207
[12] Vgl. Bortz, Schuster (2010), S.242

1.6 Einsatzfelder

Wie viele andere statistische Methoden kommen Varianzanalysen bei dem Testen von Hypothesen, also in der induktiven Statistik, zum Einsatz. Die Varianzanalyse hat sich dabei, wie bereits beschrieben, auf Unterschiedsuntersuchungen von Gruppen hinsichtlich der AV spezialisiert. Im Gegensatz zu dem Mann- Whitney U-Test oder dem t- Test können allerdings auch Unterschiede zwischen mehr als zwei Gruppen untersucht werden. Durch die Verwendung von Varianzanalysen bei Vorhandensein von mehr als zwei Gruppen können im Vergleich zu anderen (ähnlichen) Methoden schnellere und zuverlässigere bzw. fehlerresistentere Ergebnisse bei geringerem Aufwand erzielt werden.[13] Fragestellungen hinsichtlich Unterschieden zwischen Gruppen kommen grundsätzlich in vielen verschiedenen Bereichen zum Einsatz. Diverse komplexe Fragestellungen, welche auch entsprechend viele Variablen beinhalten, lassen sich erst mithilfe einer (mehrfaktoriellen) Varianzanalyse und den damit einhergehenden möglichen (Wechsel-)Wirkungen bzw. Effekten ausreichend beantworten. Bei Varianzanalysen mit Messwiederholung kann auch ein Überblick dahingehend geschaffen werden, ob z.B. eine Intervention zu einer signifikanten Veränderung bei der jeweiligen Stichprobe geführt hat. Dies wird oftmals mit der Gestaltung von Experimental- und Kontrollgruppen durchgeführt. Varianzanalysen kommen mitunter in den Bereichen Psychologie, Soziologie, Technologie, Medizin, Pharmakologie, Pädagogik, Marketing oder auch im Gesundheitswesen zum Einsatz. Gerade psychologische Untersuchungen implizieren oftmals mehr als ein Faktor und auch entsprechend viele Gruppen, weswegen vor allem in diesem Bereich die Varianzanalyse oft zum Einsatz kommt.[14] Aus methodischer Sicht sind Varianzanalysen bei der Auswertung von Fragebögen und/oder bei experimentellen Versuchsdesigns von enormer Relevanz und finden dort entsprechend oft Anwendung.[15] Die Varianzanalyse kann insgesamt, auch aufgrund der vielen Formen (siehe 1.3), als eine vielfältige und vor allem als interdisziplinäre Methode mit einem entsprechend breitem Anwendungsspektrum betrachtet werden.

---

[13] Vgl. Leonhart (2014), S.88
[14] Vgl. Schäfer (2016), S.218
[15] Vgl. Bühner, Ziegler (2009), S.432

1.7 Vorgehensweise in SPSS

Im Folgenden wird eine mehrfaktorielle univariate Varianzanalyse (ohne Messwiederholung) anhand eines selbst erstellten Datensatzes mithilfe des Statistikprogramms SPSS dargestellt. Es ist anzumerken, dass die in dem Datensatz vorliegenden Daten fiktiv sind.

Es soll untersucht werden, ob sich das Stressempfinden von dem Geschlecht und dem Vorhandensein von Kindern, die jünger als 14 sind (U14), unterscheidet. Die Nullhypothese lautet demnach, dass das Stressempfinden unabhängig von dem Geschlecht und dem Vorhandensein von Kindern U14 ist, während die Alternativhypothese davon ausgeht, dass das Stressempfinden von dem Geschlecht und dem Vorhandensein von Kindern U14 abhängig ist. Es liegen also in Anbetracht der Faktorenanzahl und der möglichen Interaktionseffekte insgesamt 3 Nullhypothesen und 3 Alternativhypothesen vor (siehe 1.5). Es ist zu erwähnen, dass das Geschlecht und die „Kinderangabe" als Faktoren bzw. als UV's zu betrachten sind. Beide Faktoren sind nominalskaliert und bestehen je aus zwei Kategorien bzw. Faktorstufen. Das Stressempfinden ist als Zielvariable bzw. AV zu betrachten und die zugrunde liegenden Werte entsprechend intervallskaliert. Das Signifikanzniveau wird im Folgenden auf 5% (0,05) festgelegt. Die vorliegenden Daten, welche hier von fiktiver Natur sind, könnten z.B. im Rahmen einer Online- Befragung erhoben werden.

Die folgende Abbildung veranschaulicht zunächst einen Überblick über die deskriptiven Statistiken des vorhandenen Datensatzes.

Deskriptive Statistiken

Abhängige Variable: Wie oft sind Sie gestresst?

Welchem Geschlecht gehören Sie an?	Haben Sie Kinder, die jünger als 14 sind?	Mittelwert	Standardabweichung	N
Männlich	Nein	2,2000	1,00525	20
	Ja	2,3103	1,03866	29
	Gesamt	2,2653	1,01603	49
Weiblich	Nein	3,2963	,82345	27
	Ja	4,0417	,99909	24
	Gesamt	3,6471	,97619	51
Gesamt	Nein	2,8298	1,04921	47
	Ja	3,0943	1,33394	53
	Gesamt	2,9700	1,20985	100

Abb.2: Deskriptive Statistiken
Quelle: Screenshot aus SPSS

Es sind also insgesamt 100 ProbandInnen beteiligt, die sich in verschiedene Gruppen unterteilen lassen. Die Gruppengrößen sind hierbei nahezu identisch und implizieren jeweils mindestens 20 Elemente. Dies entspricht den Voraussetzungen hinsichtlich der Gruppengröße (siehe 1.2). Die jeweiligen Gruppen werden in der folgenden Abbildung übersichtlich dargestellt.

Kinder U14/ Geschlecht	Männlich	Weiblich
Ja	Gruppe 1	Gruppe 2
Nein	Gruppe 3	Gruppe 4

Abb.3: Gruppenübersicht

Quelle: Eigene Darstellung

Um die Gruppen nun mittels der Varianzanalyse digital zu vergleichen müssen die Befehle „Analysieren" → „Allgemeines lineares Model" → „Univariat" in dem Programm SPSS ausgewählt werden. Auf die entsprechende Syntax wird an dieser Stelle verzichtet. Die jeweiligen Variablen müssen dann in die entsprechenden Spalten eingegeben werden. Optional können auch Diagramme zur besseren Darstellung der Ergebnisse angekreuzt werden. Relevant ist nun zunächst das Ergebnis des Levene- Tests. Hier ist zu erkennen, dass der p-Wert des Levene- Tests 0,58 größer als das Signifikanzniveau 0,05 ist. Demnach sind die Varianzen der verschiedenen Gruppen homogen und es kann entsprechend von Varianzgleichheit der Gruppen ausgegangen werden. Nachdem also alle Voraussetzungen erfüllt sind, wird sich dem eigentlichen Ergebnis gewidmet.

Tests der Zwischensubjekteffekte

Abhängige Variable: Wie oft sind Sie gestresst?

Quelle	Typ III Quadratsumme	df	Mittel der Quadrate	F	Sig.
Korrigiertes Modell	54,915[a]	3	18,305	19,526	,000
Konstanter Term	860,258	1	860,258	917,661	,000
Geschlecht	48,996	1	48,996	52,265	,000
KinderU14	4,487	1	4,487	4,787	,031
Geschlecht * KinderU14	2,471	1	2,471	2,636	,108
Fehler	89,995	96	,937		
Gesamt	1027,000	100			
Korrigierte Gesamtvariation	144,910	99			

a. R-Quadrat= ,379 (korrigiertes R-Quadrat = ,360)

Abb.4: Zwischensubjekteffekte

Quelle: Screenshot aus SPSS

Mithilfe der F-Werte und den dazugehörigen p-Werten lassen sich die Ergebnisse nun interpretieren. Es gilt hierbei anzumerken, dass je höher der F-Wert ist, desto unterschiedlicher die Mittelwerte zwischen den Gruppen sind. Damit geht auch einher, dass mit steigendem F-Wert die Mittelwerte innerhalb der Gruppen ähnlicher sind.[16] Mithilfe des F-Wertes (F=52,27) und dem dazugehörigen p-Wert (p<0,05) ist zu erkennen, dass der Faktor „Geschlecht" eine signifikante Auswirkung auf das Stressempfinden hat. Das Geschlecht kann demnach als Haupteffekt A betrachtet werden. Auch der Faktor „Kinder U14" hat einen, wenn auch geringeren aber dennoch signifikanten Einfluss auf das Stressempfinden und kann als Haupteffekt B betrachtet werden (F=4,79 und p<0,05). Die Interaktion der Faktoren „Geschlecht" und „Kinder U14" hat hingegen keinen signifikanten Einfluss auf die Zielvariable bzw. das Stressempfinden (F=2,64 und p>0,05). Die Mittelwerte des Outputs „Deskriptive Statistiken", welche in Abbildung 2 dargestellt wurden, geben Auskunft darüber, in welche Richtung der Unterschied zwischen den Gruppen geht.

Die folgende Abbildung veranschaulicht die Ergebnisse grafisch, wobei auch hier die Richtung der Unterschiede erkennbar ist.

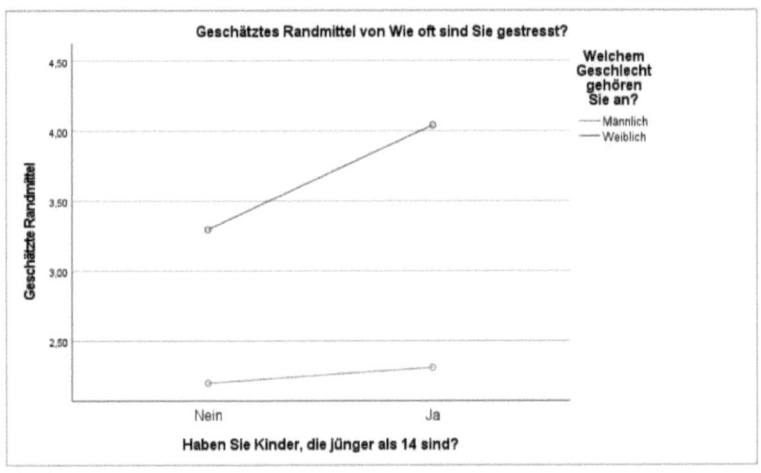

Abb.5: Grafische Darstellung der Analyse
Quelle: Screenshot aus SPSS

---

[16] Vgl. Kindelmann (2013), S.134-135

Mithilfe der zweifaktoriellen Varianzanalyse konnte gezeigt werden, dass das Stressempfinden abhängig von dem Geschlecht sowie dem Vorhandensein von Kindern unter 14 ist. Dies entspricht der Alternativhypothese. Es gehen für die Faktoren „Geschlecht" und „Kinder U14" signifikante Haupteffekte bezüglich dem Stressempfinden aus, wobei Personen mit Kindern über ein höheres Stressempfinden als Personen ohne Kinder berichten und Frauen über ein höheres Stressempfinden als Männer berichten.

2. Aufgabe B2- Levene- Test

2.1 Grundlagen

Vorab ist anzumerken, dass dieses Unterkapitel grundlegende Informationen hinsichtlich des Levene- Test liefert, wobei der Augenmerk auf den Fragestellungen liegt. Zunächst lässt sich feststellen, dass der Levene-Test von Howard Levene entwickelt wurde und als Signifikanztest zu betrachten ist, welcher die Varianz von zwei oder mehr Gruppen prüft. Es wird also im Rahmen des Levene- Tests die Varianzhomogenität bzw. Homoskedastizität von Gruppen geprüft. Hierbei wird die Nullhypothese, dass Varianzhomogenität vorliegt (H0: $\sigma^2(1)=\sigma^2(2)=...$) mithilfe eines F-Wertes geprüft und anschließend angenommen oder verworfen. Dabei ist dieser gesonderte F-Wert nicht mit dem F-Wert der Varianzanalyse gleichzusetzen.[17] Es ist anzumerken, dass die Alternativhypothese auch dann angenommen wird, wenn sich nur zwei Gruppen hinsichtlich ihrer Varianz unterscheiden, obwohl mehr als zwei Gruppen vorhanden sind.

Da Varianzhomogenität bei manchen statistischen Verfahren, wie dem t-Test für unabhängige Stichproben oder der Varianzanalyse, notwendige Voraussetzung ist, ist der Levene- Test als essenzieller Bestandteil solcher parametrischer Verfahren zu betrachten. An dieser Stelle ist anzumerken, dass der Levene- Test also grundsätzlich bei Unterschiedsfragestellungen zum Einsatz kommt, bei denen jeweils eine oder mehrere zwei- oder mehrstufige nominalskalierte Variablen (UV´s) und eine intervallskalierte bzw. mindestens metrisch skalierte Variable (AV) vorliegen. Die Gruppen sollten nicht weniger als 5 Elemente beinhalten. Die Messungen sollten zudem unabhängig voneinander sein.[18] Falls im Rahmen von Verfahren, wie der Varianzanalyse oder dem t-Test, mithilfe des Levene-Tests erwiesen werden konnte, dass keine Varianzhomogenität vorliegt, kann dennoch ein Welch- Test durchgeführt werden.[19] Da der Levene- Test nie alleine, sondern nur im Rahmen von den soeben beschriebenen inferenzstatistischen Verfahren durchgeführt wird, wird an dieser Stelle auf ein mögliches Fallbeispiel verzichtet.

---

[17] Vgl. Bühner, Ziegler (2009), S.375
[18] Vgl. Kuhlmei (2018), S.88
[19] Vgl. Cohen (2013), S.388

2.2 Vorgehensweise in SPSS

Vorab ist zu anzumerken, dass sich die folgende Darstellung hinsichtlich der Vorgehensweise in SPSS auf den von der SRH Fernhochschule bereitgestellten Datensatz „EPS_1.sav" bezieht. Es ist festzustellen, dass es in SPSS keinen direkten Befehl für den Levene- Test gibt. Deswegen wird im Folgenden eine einfaktorielle Varianzanalyse herangezogen, um den Levene- Test darzustellen. Eine etwaige Darstellung wäre auch mit dem Heranziehen eines t-Tests für unabhängige Stichproben möglich. Es ist anzumerken, dass dabei der Fokus lediglich auf dem Levene-Tests liegt. Die anderen Bestandteile und Ergebnisse der Varianzanalyse werden hier außen vor gelassen.

Im Folgenden soll nun untersucht werden, ob sich StudentInnen von verschiedenen Studienfächern (Mathematik, Psychologie, Sport, Sonstiges) hinsichtlich dem Schätzen von künstlerischen Erfahrungen unterscheiden. Die jeweiligen Studienfächer stellen hierbei die Gruppen bzw. UV´s dar und das Schätzen von künstlerischen Erfahrungen die AV. Um nun die Gruppen auf Varianzhomogenität zu prüfen können die Befehle „Analysieren" → „Mittelwerte vergleichen" → „Einfaktorielle Varianzanalyse" ausgewählt und anschließend Häkchen unter Optionen bei dem Testen von Homogenität der Varianzen gesetzt werden. Aufgrund der limitierten Seitenvorgabe wird an dieser Stelle auf die entsprechende Syntax verzichtet. Die folgende Abbildung zeigt das Ergebnis des Levene- Tests der vorliegenden Untersuchung.

Tests der Varianzhomogenität

		Levene-Statistik	df1	df2	Sig.
... künstlerische Erfahrungen schätzt (O)	Basiert auf dem Mittelwert	1,648	3	96	,184
	Basiert auf dem Median	1,062	3	96	,369
	Basierend auf dem Median und mit angepaßten df	1,062	3	89,810	,369
	Basiert auf dem getrimmten Mittel	1,650	3	96	,183

Abb.6: Levene- Test

Quelle: Screenshot aus SPSS

16

Die Ausgabetabelle beinhaltet vier Spalten, bestehend aus der Levene- Statistik, den Zähler- und Nennerfreiheitsgraden sowie der Signifikanz. Relevant ist hierbei vor allem der letzte Wert bzw. die letzte Spalte der ersten Zeile.[20] Da der p-Wert dieses Levene- Tests mit 0,18 entsprechend größer als 0,05 ist, würde man von Varianzhomogenität der Gruppen ausgehen. Demnach liegen im vorliegenden Datensatz bei den Gruppen der Studierenden der Mathematik, Psychologie, Sport und sonstigen Studiengängen gleiche bzw. nahezu gleiche Varianzen vor. Es ist anzumerken, dass im Rahmen eines t-Tests die Befehle „Analysieren" → „Mittelwerte vergleichen" → „t-Test bei unabhängigen Stichproben" auszuwählen sind. Hierbei muss kein Häkchen gesetzt werden. Die Informationen hinsichtlich der Varianzhomogenität wird automatisch im Output angezeigt. Auf die entsprechende Syntax wird auch hier verzichtet.

---

[20] Vgl. Bühner, Ziegler (2009), S.375

Aufgabe B3- Deskriptive und inferenzstatistische Analyse mit SPSS

Vorab ist anzumerken, dass sich die folgenden Unterkapitel auf den von der SRH Fernhochschule bereitgestellten Datensatz „EPS_1.sav" beziehen. Der Datensatz stammt aus einer Befragung von 100 Studierenden, welche mitunter hinsichtlich verschiedener Persönlichkeitsmerkmale und ihrem Gesundheitszustand befragt wurden.

3.1 Deskriptive Beschreibung

Zunächst ist festzustellen, dass hinsichtlich des Geschlechts und des Alters keine fehlenden Werte existieren (N=100). Während die Variable „Geschlecht" nominalskaliert ist, liegt die Variable „Alter" einer metrischen Skalierung zugrunde. Von den 100 Studierenden gehören 29 Personen dem männlichen Geschlecht und 71 Personen dem weiblichen Geschlecht an. Das folgende Kreisdiagramm veranschaulicht die Häufigkeiten hinsichtlich des Geschlechts.

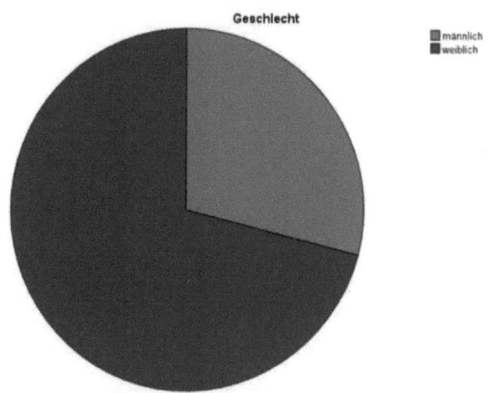

Abb.7: Kreisdiagramm „Geschlecht"
Quelle: Screenshot aus SPSS

Die befragten StudentInnen befinden sich zwischen dem 18. und 55. Lebensjahr. Das arithmetische Mittel bzw. der Mittelwert beläuft sich auf 24,36. Demnach sind die befragten Personen im Durchschnitt ca. 24 Jahre alt, wobei die Standardabweichung bei 6,21 liegt. Der Modalwert, also der am häufigsten angegebene Wert, ist 20. Der Median liegt bei 22,00, d.h. dieser Wert befindet sich in der Mitte der Daten. Mehr als die Hälfte aller befragten Personen befinden sich in ihrem 18. bis 22. Lebensjahr (51 kumulierte Prozent). Das folgende Histogramm veranschaulicht die Ausprägung der Variable „Alter" grafisch.

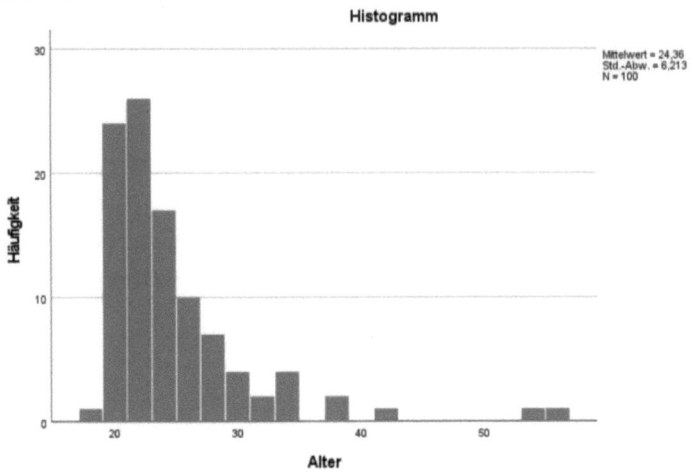

Abb. 8: Histogramm „Alter"

Quelle: Screenshot aus SPSS

Um sich ein konkretes Bild dieser soziodemografischen Daten „Alter" und „Geschlecht" zu verschaffen, ist an dieser Stelle auf den Anhang zu verweisen. Dort befindet sich, auch wenn es für metrische Skalen unüblich ist, eine Häufigkeitstabelle des Alters sowie auch eine Kreuztabelle hinsichtlich des Alters und Geschlechts (Alter*Geschlecht) im Rahmen des vorliegenden Datensatzes

Im Bezug zu den Persönlichkeitsmerkmalen „positive Affektivität" (Pa_g), „negative Affektivität" (Na_g), „emotionale Expressivität" (beq_expr) sowie der Summe der berichteten Symptomen (pill_sum) lässt sich zunächst festhalten, dass jeweils 99 gültige Werte existieren (N=99). Alle Variablen liegen metrischen Skalen zugrunde. Bei dem Persönlichkeitsmerkmal „negative Affektivität" lässt sich ein Minimalwert von 1,00 und ein Maximalwert von 3,90 beobachten. Der Mittelwert liegt hier bei ca. 1,76. Die Standardabweichung liegt bei ca. 0,56. Der Modus liegt bei 1,50 und der Median bei 1,60. Die folgende Abbildung bzw. der folgende Boxplot veranschaulicht die Ausprägung dieses Persönlichkeitsmerkmals grafisch. Dabei wird das Minimum, der Median sowie das Maximum in dieser Reihenfolge von unten nach oben mittels waagrechten Strichen dargestellt. In dem blauen Bereich befinden sich 50% aller Werte. Die Ausreißer werden mittels nummerierten Punkten dargestellt.[21]

---

[21] Vgl. Zuckarelli (2017), S.297

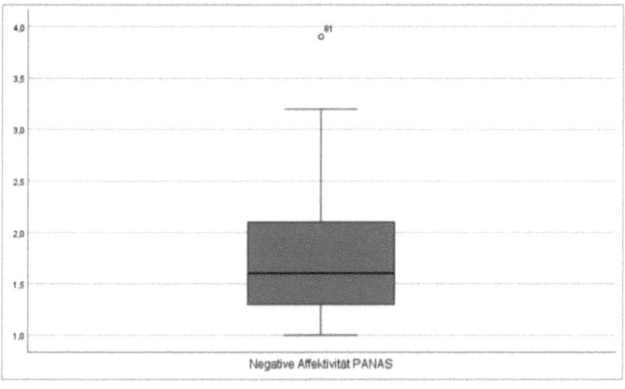

Abb.9: Boxplot „negative Affektivität"

Quelle: Screenshot aus SPSS

Bei dem Persönlichkeitsmerkmal „positive Affektivität" lässt sich ein Minimum von 2,20 und ein Maximum von 4,60 beobachten. Der mittlere Wert liegt bei ca. 3,38 und die Standardabweichung bei ca. 0,44. Der Modalwert liegt bei 3,70 und der Median bei 3,40. Die folgende Abbildung zeigt die Ausprägungen dieses Persönlichkeitsmerkmals.

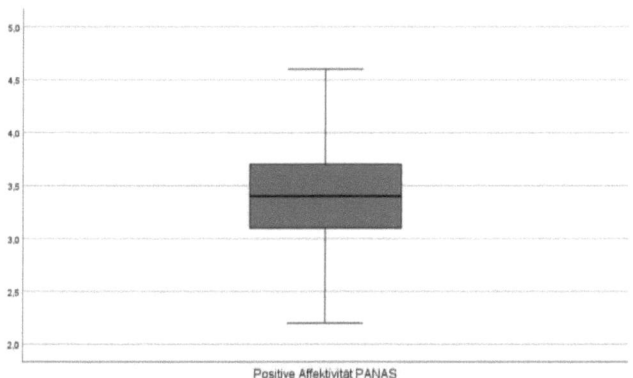

Abb.10: Boxplot „positive Affektivität"

Quelle: Screenshot aus SPSS

Hinsichtlich dem Persönlichkeitsmerkmal „emotionale Expressivität" lässt sich feststellen, dass bei den befragten Personen ein Minimalwert von 1,29 und ein Maximalwert von 3,86 beobachtet werden kann. Der Mittelwert liegt hier bei ca. 2,63 und die Standardabweichung bei ca. 0,53. Sowohl der Median als auch der Modus liegen bei ca. 2,71, was für eine Normalverteilung spricht. Auch hier veranschaulicht der folgende Boxplot die Ausprägungen dieses Persönlichkeitsmerkmals.

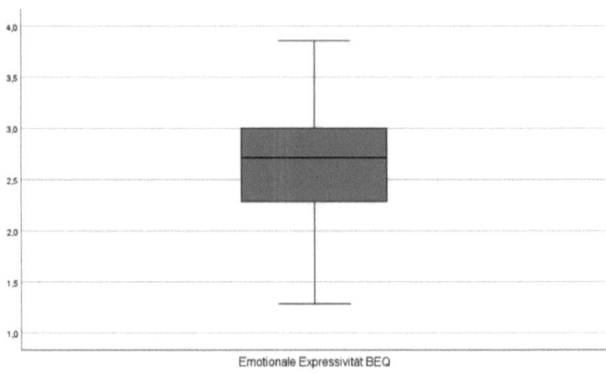

Abb.11: Boxplot „emotionale Expressivität"
Quelle: Screenshot aus SPSS

Die Summe der berichteten Symptome hat mit einem beobachteten Minimalwert von 59,00 und einem Maximalwert von 180,00 die größte Spannweite. Der Mittelwert liegt hier bei ca. 103,90 und die Standardabweichung bei ca. 24,59. 92,00 stellt den Modus dar. Der Median liegt bei 100,00. Relevante Informationen werden mittels der folgenden Abbildung veranschaulicht.

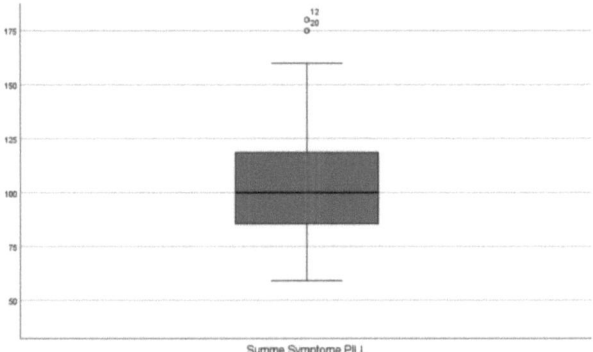

Abb.12: Boxplot „Summe aller Symptome"
Quelle: Screenshot aus SPSS

Mittels der folgenden Abbildung werden die soeben beschriebenen grundlegenden Informationen hinsichtlich der deskriptiven Statistiken veranschaulicht. Hier sind alle deskriptiven Informationen, also alle Lage- und Streuungsparameter, der ausgewählten Variablen zu erkennen.

Statistiken

		Emotionale Expressivität BEQ	Positive Affektivität PANAS	Negative Affektivität PANAS	Summe Symptome PILL
N	Gültig	99	99	99	99
	Fehlend	1	1	1	1
Mittelwert		2,6306	3,3756	1,7626	103,9091
Median		2,7143	3,4000	1,6000	100,0000
Modus		2,71	3,70	1,50	92,00
Std.-Abweichung		,53492	,44392	,55871	24,59264
Varianz		,286	,197	,312	604,798
Spannweite		2,57	2,40	2,90	121,00
Minimum		1,29	2,20	1,00	59,00
Maximum		3,86	4,60	3,90	180,00

Abb.13: Deskriptive Statistiken ausgewählter Variablen
Quelle: Screenshot aus SPSS

3.2 Korrelationsanalyse

Um die Zusammenhänge der Persönlichkeitsmerkmale sowie der Summe der berichteten Symptome untereinander auf bivariater Ebene zu analysieren wird die Spearman- Rang- Korrelation und den damit einhergehenden Korrelationskoeffizient r(s) herangezogen. Es wird sich bewusst für diesen Korrelationskoeffizient entschieden, da mithilfe des Kolmogorov- Smirnov Tests festgestellt werden konnte, dass nicht alle Variablen normalverteilt sind und somit die Voraussetzung für die Pearson- Moment Korrelation nicht gegeben ist.[22] Es ist anzumerken, dass die Grundgesamtheit über alle Variablen hinweg durch N=99 determiniert wird.

Zwischen den Persönlichkeitsmerkmalen „positive Affektivität" und „negative Affektivität" besteht ein Korrelationskoeffizient r(s) von 0,09. Dabei ist die Signifikanz p größer als 0,05. Demnach besteht zwischen diesen Persönlichkeitsmerkmalen kein Zusammenhang. Zwischen den Persönlichkeitsmerkmalen „positive Affektivität" und „emotionale Expressivität" besteht ein Korrelationskoeffizient r(s) von 0,24 bei einer Signifikanz, welche kleiner als 0,05 ist. Es besteht demzufolge eine schwache bis mäßige positive Korrelation zwischen diesen Persönlichkeitsmerkmalen. Zwischen dem

---

[22] Vgl. Martens (2003), S.185

Persönlichkeitsmerkmal „positive Affektivität" und der Summe aller berichteten Symptome besteht eine Korrelation von -0,09 bei einer Signifikanz von p>0,05. Es ist also von keiner Korrelation auszugehen. Zwischen den Variablen „emotionale Expressivität" und der Summe aller berichteten Symptome ist mit dem Korrelationskoeffizient r(s) von 0,01 und einer Signifikanz mit p>0,05 von keinem Zusammenhang auszugehen. Zwischen den Persönlichkeitsmerkmalen „emotionale Expressivität" und „negative Affektivität" ist mit einem Korrelationskoeffizient r(s) von -0,16 bei einer Irrtumswahrscheinlichkeit p von >0,05 ebenfalls von keinem Zusammenhang auszugehen. Zwischen dem Persönlichkeitsmerkmal „negative Affektivität" und der Summe aller berichteten Symptome besteht ein Korrelationskoeffizient r(s) von 0,25 bei einer Signifikanz p < 0,05. Deswegen kann hierbei von einer schwachen bis mäßigen positiven Korrelation ausgegangen werden.

Die folgende Abbildung veranschaulicht die Zusammenhänge *aller* Persönlichkeitsmerkmalen sowie der Summe der berichteten Symptome.

→ Nichtparametrische Korrelationen

Korrelationen

			Emotionale Expressivität BEQ	Negative Affektivität PANAS	Summe Symptome PILL	Positive Affektivität PANAS
Spearman-Rho	Emotionale Expressivität BEQ	Korrelationskoeffizient	1,000	-,161	,012	,236*
		Sig. (2-seitig)	.	,112	,908	,019
		N	99	99	99	99
	Negative Affektivität PANAS	Korrelationskoeffizient	-,161	1,000	,251*	,092
		Sig. (2-seitig)	,112	.	,012	,367
		N	99	99	99	99
	Summe Symptome PILL	Korrelationskoeffizient	,012	,251*	1,000	-,092
		Sig. (2-seitig)	,908	,012	.	,365
		N	99	99	99	99
	Positive Affektivität PANAS	Korrelationskoeffizient	,236*	,092	-,092	1,000
		Sig. (2-seitig)	,019	,367	,365	.
		N	99	99	99	99

*. Die Korrelation ist auf dem 0,05 Niveau signifikant (zweiseitig).

Abb.14: Korrelationen

Quelle: Screenshot aus SPSS

Ein Zusammenhang ist also nur zwischen den Persönlichkeitsmerkmalen „positive Affektivität" und „emotionale Expressivität" sowie zwischen dem Persönlichkeitsmerkmal „negative Affektivität" und der „Summe aller Symptome" vorhanden.

3.3 Regressionsanalyse

Um zu überprüfen, ob die Persönlichkeitsmerkmale „positive Affektivität",
„negative Affektivität und „emotionale Expressivität" für die Vorhersage der
Summe der berichteten Symptome herangezogen werden können, wird eine
Regressionsanalyse in SPSS durchgeführt. Dabei sind die
Persönlichkeitsmerkmale als unabhängige Variablen (UV´s) bzw. als
Prädiktorvariablen und die Summe aller berichteten Symptome als abhängige
(AV) bzw. Kriteriumsvariable zu betrachten. Da also mehrere UV´s vorliegen wird
eine multiple Regressionsanalyse durchgeführt. Die AV ist quantitativ und nicht
dichotom, weswegen also eine lineare und keine logistische Regressionsanalyse
herangezogen wird.[23] Die damit einhergehenden Voraussetzungen wurden
überprüft und sind erfüllt.

Die auf SPSS durchgeführte multiple lineare Regressionsanalyse kam zunächst
zu dem Ergebnis, dass das Bestimmtheitsmaß R^2 0,179 beträgt. Demnach kann
17,9% der Streuung der Summe aller berichteten Symptome durch die
Persönlichkeitsmerkmale erklärt bzw. vorhergesagt werden. Dabei ist das Modell
signifikant. Es gilt anzumerken, dass die Persönlichkeitsmerkmale „positive
Affektivität" sowie vor allem „negative Affektivität" einen signifikanten Beitrag zur
Vorhersage der AV leisten. Das Persönlichkeitsmerkmal „emotionale
Expressivität" leistet hingegen keinen signifikanten Beitrag zur Vorhersage der
Summe aller Symptome. Die folgende Abbildung veranschaulicht nochmals die
wesentlichen Ergebnisse dieser Regressionsanalyse.

Koeffizienten[a]

Modell		Nicht standardisierte Koeffizienten		Standardisierte Koeffizienten	T	Sig.	95,0% Konfidenzintervalle für B	
		Regressions koeffizientB	Std.-Fehler	Beta			Untergrenze	Obergrenze
1	(Konstante)	102,055	20,357		5,013	,000	61,641	142,468
	Positive Affektivität PANAS	-11,453	5,357	-,207	-2,138	,035	-22,087	-,818
	Negative Affektivität PANAS	17,538	4,169	,398	4,207	,000	9,261	25,814
	Emotionale Expressivität BEQ	3,650	4,497	,079	,812	,419	-5,277	12,578

a. Abhängige Variable: Summe Symptome PILL

Abb.15: Regression
Quelle: Screenshot aus SPSS

---

[23] Vgl. Bretschneider (2012), S.168-170

24

Mathematisch ließen sich die Ergebnisse dieser Regressionsanalyse mithilfe folgender Formel veranschaulichen:

$$y = 102{,}055 - 11{,}453 * x(1) + 17{,}538 * x(2) + 3{,}650 * x(3)$$

Dabei kann für x(1) der jeweilige Wert der positiven Affektivität, für x(2) der jeweilige Wert für die negative Affektivität und für x(3) der jeweilige Wert für die emotionale Expressivität eingesetzt werden. Als y-Wert erhält man dann die Summe aller Symptome.

Es gilt anzumerken, dass durchaus auch andere in dem Datensatz vorhandene Variablen als Prädikatoren herangezogen werden könnten, die hier nicht beachten wurden.

3.4 Fazit

Im Rahmen dieser Teilaufgabe konnte beobachtet werden, dass von den 100 StudentInnen 71 Personen dem weiblichen Geschlecht und nur 29 dem männlichen Geschlecht angehören. Die StudentInnen befinden sich zwischen dem 18. und 55. Lebensjahr, wobei das Durchschnittsalter bei ca. 24 Jahren liegt. Die meisten StudentInnen befinden sich zu dem Zeitpunkt der Befragung in dem 20. Lebensjahr. Die Variable „Summe aller berichteten Symptome" hat eine wesentlich größere Spannbreite als die Persönlichkeitsmerkmale bzw. die Variablen „positive Affektivität", „negative Affektivität" und „emotionale Expressivität". Auch hat diese Variable eine wesentlich höhere Standardabweichung. Die Ausprägungen der jeweiligen Variablen wurden mit entsprechenden Grafiken veranschaulicht. Mithilfe der Spearman- Rang-Korrelation konnte herausgefunden werden, dass zwischen den Persönlichkeitsmerkmalen „positive Affektivität" und „emotionale Expressivität" sowie zwischen dem Persönlichkeitsmerkmal „negative Affektivität" und der Variable „Summe aller berichteten Symptome" jeweils eine schwache bis mäßige positive Korrelation vorliegt. Mithilfe der Regressionsanalyse konnte ermittelt werden, dass die Persönlichkeitsmerkmale als Vorhersage für die Summe der Symptome herangezogen werden können. Dabei leisten die Persönlichkeitsmerkmale „positive Affektivität" sowie vor allem „negative Affektivität" einen signifikanten Beitrag dieser Vorhersage.

Anhang

- Häufigkeit „Alter"

Alter

	Häufigkeit	Prozent	Gültige Prozente	Kumulierte Prozente
Gültig 18	1	1,0	1,0	1,0
19	5	5,0	5,0	6,0
20	19	19,0	19,0	25,0
21	15	15,0	15,0	40,0
22	11	11,0	11,0	51,0
23	8	8,0	8,0	59,0
24	9	9,0	9,0	68,0
25	6	6,0	6,0	74,0
26	4	4,0	4,0	78,0
27	2	2,0	2,0	80,0
28	5	5,0	5,0	85,0
29	3	3,0	3,0	88,0
30	1	1,0	1,0	89,0
31	2	2,0	2,0	91,0
33	2	2,0	2,0	93,0
34	2	2,0	2,0	95,0
37	1	1,0	1,0	96,0
38	1	1,0	1,0	97,0
42	1	1,0	1,0	98,0
53	1	1,0	1,0	99,0
55	1	1,0	1,0	100,0
Gesamt	100	100,0	100,0	

Abb.16: Häufigkeiten Alter

Quelle: Screenshot aus SPSS

- Kreuztabelle „Alter*Geschlecht"

Alter * Geschlecht Kreuztabelle

Anzahl

		Geschlecht		Gesamt
		männlich	weiblich	
Alter	18	1	0	1
	19	0	5	5
	20	2	17	19
	21	3	12	15
	22	3	8	11
	23	3	5	8
	24	3	6	9
	25	1	5	6
	26	1	3	4
	27	1	1	2
	28	3	2	5
	29	3	0	3
	30	1	0	1
	31	1	1	2
	33	0	2	2
	34	1	1	2
	37	0	1	1
	38	0	1	1
	42	1	0	1
	53	1	0	1
	55	0	1	1
Gesamt		29	71	100

Abb.17: Kreuztabelle Alter*Geschlecht

Quelle: Screenshot aus SPSS

Literaturverzeichnis

Bortz, J., Schuster, C. (2010). Statistik für Human- und Sozialwissenschaftler. Heidelberg: Springer

Bortz, J. (2013). Statistik für Sozialwissenschaftler. Heidelberg: Springer

Bretschneider, U. (2012). Die Ideen Community zur Integration von Kunden in die frühen Phasen des Innovationsprozesses. Wiesbaden: Gabler

Bühner, M., Ziegler, M. (2009). Statistik für Psychologen und Sozialwissenschaftler. Frankfurt: Pearson Verlag

Cohen, B. (2013). Explaining psychological Statistics. Weinheim: Wiley

Huber, F., Meyer, F., Lenzen, M. (2014). Grundlagen der Varianzanalyse. Heidelberg: Springer

Hussy, W., Schreier, M., Echterhoff, G. (2010). Forschungsmethoden in Psychologie und Sozialwissenschaften. Heidelberg: Springer

Kindelmann, K. (2013). Kanzlerkandidaten in den Medien. Wiesbaden: VS Verlag

Kuhlmei, E. (2018). Lerne mit uns komplexe Statistik. Heidelberg: Springer

Leonhart, R. (2014). Studienbrief Quantitative Verfahren I. Riedlingen: SRH Fernhochschule

Martens, J. (2003). Statistische Datenanalyse mit SPSS für Windows. München: Oldenbourg Verlag

Mittag, J. Statistik- eine interaktive Einführung. Heidelberg: Springer

Rasch, B., Friese, M., Hofmann, W., Naumann, E. (2014). Quantitative Methoden 1. Heidelberg: Springer

Schäfer, T. (2016). Methodenlehre und Statistik. Heidelberg: Springer

Schott, D., Rasch, D. (2015). Mathematische Statistik- für Mathematiker, Natur- und Ingenieurwissenschaftler. Weinheim: Wiley

Zuckarelli, J. (2017). Statistik mit R. Heidelberg: O´Reilly Verlag

BEI GRIN MACHT SICH IHR WISSEN BEZAHLT

- Wir veröffentlichen Ihre Hausarbeit,
  Bachelor- und Masterarbeit

- Ihr eigenes eBook und Buch -
  weltweit in allen wichtigen Shops

- Verdienen Sie an jedem Verkauf

Jetzt bei www.GRIN.com hochladen
und kostenlos publizieren